BEI GRIN MACHT SICH IHR
WISSEN BEZAHLT

AF166249

- Wir veröffentlichen Ihre Hausarbeit,
  Bachelor- und Masterarbeit

- Ihr eigenes eBook und Buch -
  weltweit in allen wichtigen Shops

- Verdienen Sie an jedem Verkauf

Jetzt bei www.GRIN.com hochladen
und kostenlos publizieren

Bibliografische Information der Deutschen Nationalbibliothek:

Die Deutsche Bibliothek verzeichnet diese Publikation in der Deutschen National-
bibliografie; detaillierte bibliografische Daten sind im Internet über http://dnb.d-
nb.de/ abrufbar.

Impressum:

Copyright © 2011 GRIN Verlag, Open Publishing GmbH
Druck und Bindung: Books on Demand GmbH, Norderstedt Germany
ISBN: 978-3-668-24073-5

Dieses Buch bei GRIN:

http://www.grin.com/de/e-book/320280/nichtigkeit-der-ernennung-im-beamten-
recht-und-ihre-folgen

Sarah Hellmann

Nichtigkeit der Ernennung im Beamtenrecht und ihre Folgen

GRIN Verlag

GRIN - Your knowledge has value

Der GRIN Verlag publiziert seit 1998 wissenschaftliche Arbeiten von Studenten, Hochschullehrern und anderen Akademikern als eBook und gedrucktes Buch. Die Verlagswebsite www.grin.com ist die ideale Plattform zur Veröffentlichung von Hausarbeiten, Abschlussarbeiten, wissenschaftlichen Aufsätzen, Dissertationen und Fachbüchern.

Besuchen Sie uns im Internet:

http://www.grin.com/

http://www.facebook.com/grincom

http://www.twitter.com/grin_com

Fachhochschule für öffentliche Verwaltung NRW

Außenstelle Dortmund

Studienabschnitt 3

KVD

6.3.1 Beamtenrecht

Nichtigkeit der Ernennung

Sarah Hellmann

Abgabedatum: 30.11.2011

Abkürzungsverzeichnis

a.a.O.	am angegebenen Ort
a.F.	Alte Fassung
BBG	Bundesbeamtengesetz
BeamtStG	Beamtenstatusgesetz
BHO	Bundeshaushaltsordnung
BLV	Bundeslaufbahnverordnung
BMI	Bundesministerium des Inneren
DNeuG	Dienstrechtsneuordnungsgesetz
EWR	Europäischer Wirtschaftsraum
EU	Europäische Union
Fn.	Fußnote
GG	Grundgesetz
i.S.d.	im Sinne des
iVm	in Verbindung mit
LBG NW	Landesbeamtengesetz Nordrhein-Westfalen
m.w.N.	Mit weiteren Nachweisen
n.F.	Neue Fassung
Rn.	Randnummer
StGB	Strafgesetzbuch
Vgl.	Vergleiche
VwVfG	Verwaltungsverfahrensgesetz

Aus Gründen der besseren Lesbarkeit wird auf die gleichzeitige Verwendung männlicher und weiblicher Sprachformen verzichtet. Sämtliche Personenbezeichnungen gelten gleichwohl für beiderlei Geschlecht.

Einleitung

Die Beschäftigung mit der Ernennung ist wohl für jeden neuen Beamten grundlegend, da er sich in eine völlig neue Art der „Anstellung" begibt. Bei der Beschäftigung mit den Voraussetzungen, die man als Bewerber auf eine Beamtenstelle erfüllen muss, kommt man automatisch zu den Fällen, in denen die Ernennung durch irgendwelche Fehler „falsch" ist. Mit der rechtlichen Bezeichnung dieser „falschen Ernennungen" und deren Rechtsfolgen beschäftigt sich diese Arbeit. Konkreter befasst sich diese Arbeit mit einer bestimmten Art der Rechtsfolge bei Ernennungsfehlern, der Nichtigkeit. In diesen Fällen gibt es sogar Möglichkeiten zur Heilung. Da man selbst nicht davor bewahrt werden kann, selbst einmal in die Situation zu kommen bei einer Beförderung einem Ernennungsmangel zu unterliegen, ist mir die Beschäftigung mit diesem Thema ein Anliegen. Nicht zuletzt durch die Änderungen im Jahre 2009, die zeigen, dass auch das Beamtengesetz dem Wandel der Zeit und der Verwaltungspraxis „angepasst" werden kann und muss, hat das Thema mein Interesse geweckt.

1 Ernennung

Die Ernennung wird häufig als Kern- oder -etwas emotionaler- als Herzstück des Beamtenrechts bezeichnet. Und tatsächlich kommt ihr eine zentrale Bedeutung zu:[1] Die Ernennung bestimmt den rechtlichen Stand des Beamten, den sogenannten Status. Dieser Status wird begründet bei einer erstmaligen Ernennung oder er wird durch Beförderung, Rückernennung oder Aufstieg verändert. Verändert sich der Status, so verändern sich auch die Rechte und Pflichten des Beamten. Um reibungslos zu funktionieren ist eine regelmäßige Feststellung des Status durch die Personalplanung notwendig. Ohne diese Feststellung wäre eine stabil funktionierende Verwaltung, die Recht und

---

[1]*Leppek*, Das Ernennungsrecht in Bundesbeamtengesetz und Beamtenstatusgesetz- Ernennung und Ernennungsfehler unter besonderer Berücksichtigung der Heilbarkeit von Formfehlern, Zeitschrift für Beamtenrecht (ZBR), Heft 12, 2010, Seite 397-406, S. 397

Gesetz realisieren soll, nicht möglich, da mit verschiedenen Ämtern auch bestimmte Aufgaben, eben Rechte und Pflichten, verbunden sind. Ein sogenannter beamtenrechtlicher Status kann immer nur im Rahmen der geltenden Gesetze begründet oder verändert werden.[2] Die Ernennung bedarf gemäß § 10 Abs. 11 BBG (§ 8 BeamtStG) eines formalen Ernennungsaktes.

Es werden hier vier Fälle normiert:

Nr.1	Die Begründung eines Beamtenverhältnisses (Ernennung)
Nr.2	Umwandlung der Art eines Beamtenverhältnisses (Umwandlung)
Nr.3	Verleihung eines anderen Amtes mit anderem Endgrundgehalt und anderer Amtsbezeichnung (Beförderung oder Rückernennung)
Nr.4	Verleihung eines anderen Amtes mit anderer Amtsbezeichnung bei Wechsel der Laufbahngruppe (Aufstieg)

Durch die Ernennung wird bestimmt, ob ein Beamtenverhältnis begründet worden ist und welchen Inhalt es hat.[3]

2 Anforderungen an eine rechtmäßige Ernennung

Die wichtigsten Gesetze sind hier BeamtStG, BBG und LBG NW. Die Ernennung ist ein Verwaltungsakt gemäß § 35 Abs.1 Satz 1 VwVfG, jedoch sind nach dem Grundsatz „lex spezialis vor lex generalis" die Beamtengesetze vorrangig anzuwenden, so dass das VwVfG nur in wenigen Fällen verwendet wird. Die Ernennung ist ein rechtsgestaltender Verwaltungsakt. Das heißt, dass er ein Rechtsverhältnis begründet, ändert oder beseitigt. Grundsätzlich dürfen aber –als Unterschied zu anderen Verwaltungsakten- der Ernennung keine Nebenbestimmungen wir Bedingungen oder Auflagen angefügt werden. *[Er] ist bedingungsfeindlich und kann nicht vollstreckt werden.*[4] Außerdem ist die Ernennung zustimmungsbedürftig und formbedürftig, wozu Genaueres folgt.

---

[2] Vgl. *Gunkel/Pilz*, Beamtenrecht in Nordrhein-Westfalen: Fachbuch mit praktischen Übungen und Lösungen, 5. Aufl., Verlag Bernhard-Witten, Witten 2007, S. 92
[3] *Gunkel/Pilz*, S. 92 a.a.O
[4] *Wichmann/Langer*, Öffentliches Dienstrecht: Das Beamten- und Arbeitsrecht für den öffentlichen Dienst, 6. Aufl., Verlag Kohlhammer, Stuttgart 2007, Rn. 83

2.1 formelle Anforderungen

Die formellen Anforderungen kann man auch als sachliche bzw. objektive Voraussetzungen für die Ernennung bezeichnen. Diese Kriterien sind unabhängig von der Person des zu Ernennenden.[5] Die ernennende Behörde muss Dienstherrenfähigkeit gemäß § 2 BBG besitzen. Sie bestimmt das Recht, Beamte zu haben. Weiterhin muss die Behörde sachlich zuständig sein gemäß § 17 Abs. 1, 2 Satz 1 LBG. Aus haushaltsrechtlicher Sicht muss gem. § 49 Abs. 1 BHO eine besetzbare Planstelle ausgewiesen sein. Weiterhin *müssen hoheitliche ...[A]ufgaben übertragen werden (§ 4 BBG)*[6]. Zur Form schreibt der Gesetzgeber in § 10 Abs.2 Satz 1 BBG und auch in § 8 Abs. 2 Satz 1 BeamtStG die Urkunde vor. Ebenfalls in diesen Paragraphen ist der Wortlaut des Urkundentextes bestimmt, dem außerdem sogenannte *ungeschriebene Urkundenessentialia*[7] wie Dienstherr, Datum, Ort, Vor- und Zuname des zu Ernennenden, der zuständige Behördenvertreter und dessen eigenhändige Unterschrift beigefügt werden müssen[8]. Weiterhin muss ein gültiges Verfahren mit Personalbedarfsermittlung und Stellenausschreibung durchgeführt worden sein. *Insgesamt ist beim Personalgewinnungsprozess an die verschiedenen, gesetzlich geregelten Mitbestimmungs-, Mitwirkungs- und Beteiligungsrechte von Personalrat, Gleichstellungsbeauftragter und der Vertrauensperson der schwerbehinderten Menschen zu denken.*[9] Die Ernennung wird erst durch ihre Bekanntgabe wirksam. Für Verwaltungsakte generell besteht nach § 41 VwVfG die Möglichkeit der Bekanntgabe durch Zustellung (per Post) oder auch die öffentliche Bekanntgabe und gemäß § 43 Abs. 1 VwVfG tritt die Wirksamkeit mit Bekanntgabe ein. Für die Ernennung gilt die Spezialregelung aus § 17 Abs. 3 LBG. Demnach wird die Ernennung mit dem Tag der Aushändigung wirksam, wenn nicht ein späterer Tag bestimmt ist. Das heißt, dass nur ein Termin nach, aber nicht vor der Aushändigung als Inkrafttreten der Ernennung bestimmt werden kann; sie gilt somit nicht rückwirkend. Der Begriff der Aushändigung ist gesetzlich nicht geklärt, wird

---

[5] Vgl. *Leppek*, ZBR, S.397 „Häufig werden Rechtmäßigkeitsanforderungen in sachliche und persönliche Voraussetzungen der Ernennung aufgegliedert. Dies ist sinnvoll, um zu verdeutlichen, welche „objektiven" Voraussetzungen erfüllt sein müssen und sie von den „subjektiven" Voraussetzungen abzugrenzen, die allein in der Person der zu Ernennenden liegen." m.w.N., a.a.O.
[6] *Wagner*, Beamtenrecht, 8. Aufl, Verlag C.F. Müller, Heidelberg 2004, Rn. 63
[7] *Leppek*, ZBR, S. 398 m.w.N, a.a.O.
[8] Vgl. *Leppek*, ZBR, S. 398 a.a.O.
[9] *Leppek*, ZBR, S. 399 a.a.O.

aber *juristisch formuliert und auf die Ernennung bezogen: Die zuständige Ernennungsbehörde überträgt dem zu Ernennenden willentlich den körperlichen Besitz der Originalurkunde.*[10] Letztendlich muss der Ernennung durch den zu Ernennenden zugestimmt werden -da der neue Status nicht nur Rechte einräumt, sondern auch Pflichten auferlegt. Dies ist vor allem wichtig, wenn es um eine Rückernennung geht. Es gilt gemeinhin: *Spätestens in der vorbehaltlosen Entgegennahme der Ernennungsurkunde ist eine schlüssige Einwilligungserklärung zu erblicken.*[11] In der Behördenpraxis unterschreibt der zu Ernennende ein Empfangsbekenntnis, das mit dem aktuellen Datum versehen ist. Das ist vor allem wichtig für die Besoldung, da sich diese auch erst mit der Wirksamkeit des neuen Status ändert.

Für die spätere Würdigung der Fehler ist es wichtig, dass in zwei Arten von Formanforderungen unterschieden werden:

1.) Formvoraussetzungen:
   - Der gesetzlich vorgeschriebene Wortlaut fehlt.
   - Die eigenhändige Unterschrift des Dienstvorgesetzten fehlt.
   - Die Originalurkunde wird nicht ausgehändigt.
2.) Wirksamkeitsvoraussetzungen:
   - Ernennung ohne Dienstherrenfähigkeit
   - Die fehlerhafte Urkunde wurde ausgehändigt.
   - Der Ernannte hat keine Zustimmung erteilt.
   - Die Urkunde enthält eine Bedingung.
   - Das zu verleihende Amt ist nicht vorhanden.[12]

2.2 materielle Anforderungen

Die materiellen Anforderungen beziehen sich auf die Voraussetzungen, die sich auf die Person des zu Ernennenden beziehen. [13]

Gemäß § 7 Abs. 1 BBG (§ 7 BeamtStG)
   - Nr.1 muss der Bewerber Deutscher sein i.S.d. Art. 116 GG oder er muss Staatsbürger eines anderen Mitgliedstaates der EU oder eines

---

[10] *Leppek*, ZBR, S. 399 m.w.N., a.a.O.
[11] *Schnellenbach*, Beamtenrecht in der Praxis, 7. Aufl., Beck-Verlag, München 2011, § 3 Rn.3 m.w.N
[12] *Leppek*, Beamtenrecht, 11. Aufl., Verlag C. F. Müller, München 2011, Rn. 96, 100
[13] siehe Fn. 5

anderen Vertragsstaates des EWR sein. Ausnahmen klärt § 7 Abs.3 BBG.

- Nr.2 muss der Bewerber die Gewähr dafür bieten, jederzeit für die freiheitlich demokratische Grundordnung i.S.d. GG einzutreten.[14]
- Nr.3 muss der Bewerber in Anlehnung an § 3 BLV Eignung, Befähigung und fachliche Leistung vorweisen. Dabei sind diskriminierende Erwägungen unzulässig.[15]

Geeignet und befähigt muss der Bewerber auch körperlich, geistig und charakterlich sein, § 8 Abs. 1 Satz 2 BBG. Er muss geschäftsfähig sein und darf die Altersvoraussetzungen für Beamte nicht überschreiten.

Außerdem darf der Bewerber nicht amtsunwürdig sein. Dies ergibt sich aus dem Umkehrschluss des § 11 Abs. 1 Nr. 3b), wonach die Ernennung nichtig ist, wenn *ihm [dem Beamten] die Fähigkeit zur Bekleidung öffentlicher Ämter durch ein strafrechtliches Urteil aberkannt worden [ist].*[16]

3 Ernennungsfehler

3.1 Vorbemerkung zur Ernennungsfehlerlehre

Es gibt drei Arten von Fehlergruppen (dazu unter XX (Abgrenzung), die sich nach den Rechtsfolgen des Ernennungsfehlers aufteilen lassen. So kann eine Nichternennung vorliegen, es kann zur Nichtigkeit der Ernennung und zur Rücknahme der Ernennung kommen. Die Nichternennung, auch Nichtakt genannt, ist gesetzlich nicht geregelt. Die Rücknahme der Ernennung regelt § 14 BBG (§ 12 Abs. 1 LBG). Die dritte Rechtsfolge ist die Nichtigkeit der Ernennung (§ 13 BBG). Mit dieser Rechtsfolge, ihren unterschiedlichen Voraussetzungen und eventuellen Heilungsmöglichkeiten befassen sich die folgenden Kapitel. *Ernennungsfehler sind bei jedem Ernennungsfall denkbar, sie können also gleichermaßen bei Einstellung, Umwandlung, Beförderung oder Aufstieg auftreten.*[17]

---

[14] Zur „freiheitlich demokratischen Grundordnung" siehe BVerwGE 47, 330, 335, BVerwGE 61, 176, 178, *Wagner*, Rn. 65 a.a.O.

[15] § 3 BLV: Laufbahnrechtliche Entscheidungen sind nach Eignung, Befähigung und fachlicher Leistung unter Berücksichtigung des § 9 des Bundesbeamtengesetzes und des § 9 des Bundesgleichstellungsgesetzes zu treffen.

[16] *Leppek*, ZBR, S. 400 a.a.O.

[17] *Leppek*, Beamtenrecht, S. 81 a.a.O.

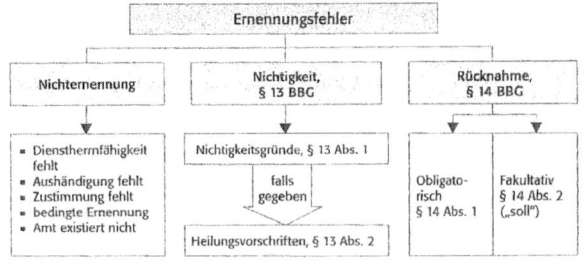

Abbildung 1

Zur Änderung der Gesetzeslage[18]

Es gab eine Neuregelung des BeamtStG durch Art. 1 DNeuG, die 2009 in Kraft getreten ist, weshalb kurz auf die alte Regelung bezüglich der Ernennungsfehler eingegangen wird.

Es wurde ebenfalls von *drei [Fall]gruppen ... ausgegangen, die Auswirkungen auf die Wirksamkeit einer Ernennung haben:* So führten Formfehler und auch das Fehlen des Mindestinhalts der Urkunde zur Nichternennung. Dieser Fehler konnte mit Wirkung ex tunc (von Anfang an) nicht geheilt werden, sondern nur mit Wirkung ex nunc (erstmals) (§ 6 BBG a.F.). Diese Regelung galt ebenfalls bei mangelnder Dienstherrenfähigkeit und Ernennung, die mit Bedingungen versehen waren. Bei der Nichtigkeit der Ernennung gab es nur zwei Fälle von Heilungsmöglichkeit: Zum einen bei Unzuständigkeit der Ernennungsbehörde und zum anderen bei Ausnahmen zur Staatsangehörigkeit. Es sind zwei Änderungen zur neuen Fehlerlehre hervorzuheben: Der vorherige § 6 Abs. 2 Nr.3 Satz 3 BBG a.F. wurde in die Vorschrift über die Nichtigkeit § 13 Abs.1 Nr.1 BBG integriert, so dass eine schlüssige Systematik aus § 13 BBG n.F. hervorgeht. Weiterhin kennt die neue Fassung des Gesetzes neue Heilungsmöglichkeiten bei Formfehlern. Außerdem ist eine unterschiedliche Auffassung zur Rechtsfolge der Nichternennung hervorgetreten, wozu später Stellung genommen wird.

---

[18] vgl. *Leppek*, ZBR, S. 401 a.a.O.

Abgrenzung der Nichtigkeit gemäß §13 Abs. 1 Nr. 1 BBG von der Nichternennung

Bis zum Inkrafttreten des DNeuG [in 2009] wurde eine Ernennung, die nicht der gesetzlichen Form genügt, als sog. Nichternennung behandelt.[19] Nun fallen unter die Nichternennung nur noch die Fehler bezüglich der Wirksamkeitsvoraussetzungen der formellen Anforderungen der Ernennung (siehe 2.1). Diese Fehler sind nicht heilbar.[20] Das ist die enge Auslegung des Formbegriffs von Leppek, der kurz besagt: *Die Nichternennung als Nichtakt leidet an einem so schweren Fehler, dass sie als rechtlich nicht existent anzusehen ist.*[21]. Wie vorher erwähnt, ist die Ernennung bedingungsfeindlich. Demnach ist beispielsweise ein Formfehler der zur Nichternennung führt aufgetreten, wenn doch eine Bedingung eingefügt wurde. *Die der Bedingung eigene Unsicherheit ist unvereinbar mit dem Sinn des § 10 [BBG], Rechtssicherheit zu schaffen.*[22] So kann auch die Zustimmung des Ernannten nicht erfolgt sein oder auch das zu verleihende Amt rechtlich nicht mehr vorhanden sein, damit eine Ernennung als Nichternennung anzusehen ist. Leppek erkennt als gesetzlich wörtlich geregelt nur noch ebenfalls die zwei Ernennungsfehler nichtige und rücknehmbare Ernennung an.

Hingegen führt der Kommentar zum BBG von Battis die weite Auslegung an. Auch danach gibt es keine Unterscheidung mehr von Nichternennung und nichtiger Ernennung. Durch die Eingliederung des § 6 II Nr. 3 S. 2 BBG a.F. entfalle diese Unterscheidung und die Rechtsfolgen seien deshalb auch wie bei einer nichtigen Ernennung gem. § 15 abzuwickeln.[23] Da die aktuelle Rechtsprechung jedoch die Nichternennung noch anführt und sie somit als existent behandelt, wird hier von der engen Auslegung des Formbegriffs ausgegangen.[24]

---

[19] *Leppek*, Beamtenrecht, Rn. 100 a.a.O.
[20] Vgl.*Leppek*, S. 403 „In der Praxis führten Formfehler, die in der Regel weder vom Dienstherrn noch vom Beamten gewollt sind, bislang zur Nichternennung und konnten nicht geheilt werden. Gerade wenn sich erst viele Jahre nach einer Ernennung (schlimmstenfalls der Einstellung) ein solcher Formfehler herausstellte, waren die Betroffenen plötzlich und unerwartet mit der weitreichenden Folge konfrontiert, dass sie den Rechtsstatus des Beamten niemals rechtswirksam erlangt hatten. Eine Ernennung war dann nur für die Zukunft möglich. Problematische besoldungs- und versorgungsrechtliche Fragen schlossen sich an."
[21] Vgl. *Leppek*, ZBR, S.404
[22] *Battis*, § 13, Rn. 2 a.a.O.
[23] Vgl. *Battis*, § 13, Rn. 3 a.a.O.
[24] BVerwG, Urteil vom 27.05.2010, 2C 85.08 Rn.14 f.

Nichtigkeit der Ernennung

Systematik des Gesetzes

Wie vorher erläutert, findet § 44 VwVfG keine Anwendung. Das Verfahren und die Rechtsfolgen bei nichtiger Ernennung sind in § 18 Abs. 1 LBG geregelt. Dieser verweist auf § 11 BeamtStG, der systematisch ebenso aufgebaut ist wie § 13 BBG. Hier wird §13 BBG zugrunde gelegt. Im ersten Absatz werden die Tatbestandsvoraussetzungen der Nichtigkeit, die Nichtigkeitsgründe, in den Nummern eins bis drei angeführt. Die Ernennungsfehler der Nr. 1 und 2 beziehen sich auf die formellen Anforderungen an die Ernennung, Nr. 3 hingegen auf die materiellen. Der zweite Absatz befasst sich analog zu den Nummern aus Absatz 1 mit den Heilungsmöglichkeiten. *§ 13 ist eine abschließende Spezialvorschrift zugunsten des zu Ernennenden gegenüber § 44 VwVfG.*[25] Die Rechtsfolgen der nichtigen Ernennung werden in § 15 BBG geregelt.

Abs. 1 Nr.1 iVm Abs. 2 Nr.2

Die Ernennung ist nichtig, wenn sie nicht der in § 10 Abs. 2 vorgeschriebenen Form entspricht. (§ 13 I Nr.1 BBG)

Wie vorher in der Abgrenzung erläutert fallen unter diesen Bereich in der engen Ausleung nur noch die drei Formvoraussetzungen. Somit können auch nur Verstöße gegen diese zur Nichtigkeit führen. Dies ist der Fall, wenn der vorgeschriebene Wortlaut wie „unter Berufung in das Beamtenverhältnis", oder auch die Zusätze „auf Lebenszeit"/ „auf Probe" (§ 10 Abs. 2 Nr. 1 BBG) fehlen. Auch das Fehlen der Urkundenessentialia führt zur Nichtigkeit. Alltagsübliche Schreibfehler hingegen sind unbeachtlich.

Weiterhin zur Nichtigkeit führt das Fehlen der eigenhändigen Unterschrift des Dienstvorgesetzten.[26]

Doch der Gesetzgeber sieht Heilungsmöglichkeiten für diese Fälle vor, geregelt in Abs. 2 Nr.1: *Die Ernennung ist von Anfang an als wirksam anzusehen, wenn im Fall des Absatzes 1 Nr.1 aus der Urkunde oder aus dem Akteninhalt eindeutig hervorgeht, dass die für die Ernennung zuständige Stelle ein bestimmtes Beamtenverhältnis begründen oder ein bestehendes*

---

[25] *Battis,* § 13, Rn. 1 a.a.O.
[26] Vgl.*Leppek,* Beamtenrecht, Rn. 100 a.a.O.

Beamtenverhältnis in ein solches anderer Art umwandeln wollte, für das die sonstigen Voraussetzungen vorliegen. Das Gleiche gilt, wenn die Angabe der Zeitdauer fehlt, durch Rechtsvorschrift aber die Zeitdauer bestimmt ist. (§ 13 II Nr. 1 BBG)

Jede Ernennung hat eine Begleitakte, in der alle Voraussetzungen niedergelegt oder niedergeschrieben werden müssen, so dass aus dieser Akte nachvollziehbar ist, warum jemand wie ernannt wurde. Wenn aus dieser Begleitakte ersichtlich ist, dass die für die Ernennung zuständige Stelle das Beamtenverhältnis begründen wollte, so ist die Ernennung von Anfang an als wirksam anzusehen. Das heißt, dass die Ernennung wirksam ist von dem ursprünglich vorgesehenen Tag an, auch wenn ein Formfehler aufgetreten ist.[27] Dieser ist dann *unbeachtlich, weil Urkunden-/Akteninhalt eindeutig sind (…)[28].* Die Ernennung wirkt ex tunc. Die Beförderung und der Aufstieg werden hiervon nicht erfasst.

Abs. 1 Nr.2 iVm Abs. 2 Nr. 2

Die Ernennung ist nichtig, wenn sie von einer sachlich unzuständigen Behörde ausgesprochen wurde. (§ 13 Abs. 1 Nr. 2 BBG)

Die Ernennung muss ausdrücklich von der sachlich zuständigen Behörde ausgesprochen worden sein. Eine Ernennungsbehörde ist sachlich unzuständig, wenn sie nach den gesetzlichen Vorschriften kein Ernennungsrecht hat oder zu Ernennungen dieser Art nicht ermächtigt ist.[29] Da hier nur die sachliche Zuständigkeit wörtlich angeführt wird, *ist im Umkehrschluss davon auszugehen, dass eine Ernennung, die von einer örtlich zuständigen* [Richtig müsste es heißen: unzuständigen] *Stelle vorgenommen wird, von Anfang an wirksam ist. Andernfalls hätte der Gesetzgeber diesen Fall ausdrücklich regeln müssen.[30]* Dieser Fehler kann ebenfalls geheilt werden, in dem die sachlich zuständige Stelle die Ernennung rückwirkend bestätigt. Auch hier wirkt die Ernennung ex tunc. *Es handelt sich hierbei um*

---

[27] vgl. *Battis*, § 13, Rn. 4 a.a.O.
[28] *Leppek*, ZBR, S. 402 a.a.O.
[29] Vgl. *Battis*, § 13, Rn. 5 a.a.O., vgl. *Leppek*, ZBR, S. 403, mit Fn. 65 „Danach dürfte beispielsweise eine Behörde des Bundeskriminalamtes keinen Beamten der Bundespolizei befördern oder sonst ernennen", a.a.O.
[30]*Leppek*, Beamtenrecht, Rn. 101[Korrektur des Zitates in Absprache mit Verlag] a.a.O., vgl. *Battis,*§13, Rn. 5

eine rückwirkende Heilung eines Verwaltungsaktes, die es im allgemeinen Verwaltungsrecht nicht gibt.[31]

Abs. 1 Nr. 3 iVm Abs. 2 Nr. 3

Die dritte Möglichkeit zur Nichtigkeit ist die umfangreichste und hat mit der Person des zu Ernennenden zu tun.

a) Die Ernennung ist nichtig, wenn zum Zeitpunkt der Ernennung nach § 7 Abs. 1 Nr. 1 keine Ernennung erfolgen durfte und keine Ausnahme nach 3 7 Abs. 3 zugelassen war. (§ 13 Abs. 1 Nr. 3 lit. a))

§ 7 Abs. 1 Nr. 1 führt die Staatsangehörigkeit des Bewerbers an, die in den materiellen Anforderungen beschrieben wurde. Das BMI kann nach Abs. 3 eine Ausnahmeregelung zulassen, wonach dann die Bedingungen des Abs. 1 Nr. 1 ausgesetzt werden. Wenn es an der deutschen Staatsangehörigkeit oder der erforderlich Mitgliedschaft mangelt, so kann das BMI diese Ausnahme nachträglich rückwirkend bestätigen. Die Ernennung ist von dann Anfang an wirksam.[32]

b) Die Ernennung ist nichtig, wenn zum Zeitpunkt der Ernennung die Fähigkeit zur Wahrnehmung öffentlicher Ämter nicht vorlag. (§ 13 Abs. 1 Nr. 3 lit. b))

Der Ernannte ist in diesem Fall gemäß StGB verurteilt und ihm wurde die Amtsfähigkeit 8für eine bestimmte Zeit) aberkannt. Diese Tatbestandsvoraussetzung führt im Rückschluss beim Bewerbungsverfahren zu einer Überprüfung der Amtsfähigkeit. So tritt zum Beispiel eine Amtsunfähigkeit für die Dauer von fünf Jahren bei einer Verurteilung zu einer Freiheitsstrafe von mindestens einem Jahr ein.

Tritt dieser Fall der Amtsunfähigkeit ein, ist die Ernennung unheilbar nichtig. Verliert man die Amtsfähigkeit nachträglich, so bleibt die Ernennung bestehen, aber das Beamtenverhältnis endet (§ 41 Abs. 1 Satz 2 BBG).[33]

---

[31] *Leppek*, Beamtenrecht, Rn. 105 a.a.O.
[32] Vgl. *Leppek*, Beamtenrecht, Rn. 106 a.a.O.
[33] Vgl. *Battis*, § 13, Rn. 8 a.a.O.

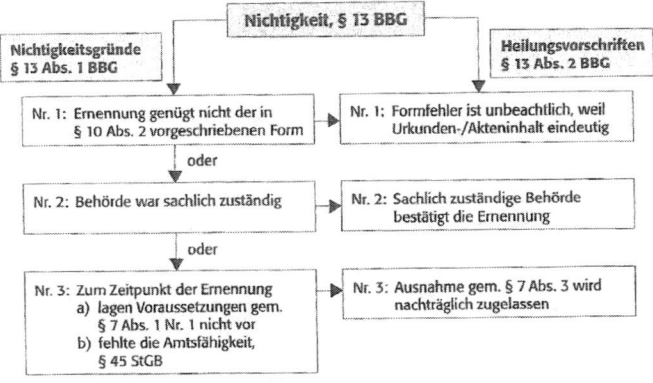

Abbildung 2

Verfahren und Rechtsfolgen der nichtigen Ernennung

Wenn ein Ernennungsfehler nicht heilbar ist, so ist die Ernennung nichtig und von Anfang an als unwirksam anzusehen. Das Verfahren für diese Fälle wird in § 18 LBG die Rechtsfolgen in § 15 BBG und ebenfalls § 18 LBG geregelt.

Ist die erstmalige Ernennung nichtig..., hat die oder der Dienstvorgesetze jede weitere Wahrnehmung der Dienstgeschäfte zu verbieten. (§ 15 Satz 1 BBG)

Literaturverzeichnis

Battis, Ulrich	Bundesbeamtengesetz [Kommentar], 4. Aufl., Beck-Verlag, München 2009
Gunkel, Alfons/ *Pilz*, Bernd E.	Beamtenrecht in Nordrhein-Westfalen: Fachbuch mit praktischen Übungen und Lösungen, 5. Aufl., Verlag Bernhard-Witten, Witten 2007
Leppek, Sabine	Beamtenrecht, 11. Auflage, Verlag C.F. Müller, Heidelberg 2011
Schnellenbach, Helmut	Beamtenrecht in der Praxis, 7. Aufl., Beck-Verlag, München 2011
Wagner, Fritjof	Beamtenrecht, 8. Aufl, Verlag C.F. Müller, Heidelberg 2004
Wichmann, Manfred/ *Langer*, Karl-Ulrich	Öffentliches Dienstrecht: Das Beamten- und Arbeitsrecht für den öffentlichen Dienst, 6. Aufl., Verlag Kohlhammer, Stuttgart 2007

Zeitschriften

Leppek, Sabine	Das Ernennungsrecht in Bundesbeamtengesetz und Beamtenstatusgesetz- Ernennung und Ernennungsfehler unter besonderer Berücksichtigung der Heilbarkeit von Formfehlern, Zeitschrift für Beamtenrecht, Heft 12, 2010, Seite 397-406

Abbildungsverzeichnis

Abbildung 1	*Leppek,* Sabine, Beamtenrecht, 11. Auflage, Verlag C.F. Müller, Heidelberg 2011, Rn. 97
Abbildung 2	*Leppek,* Sabine, Beamtenrecht, 11. Auflage, Verlag C.F. Müller, Heidelberg 2011, Rn. 107